1日1回「あいうえお」

ボケないための

滑舌トレーニング

健康ボイストレーナー
赤間裕子 著

はじめに

「声を出す」という日常的なことを意識して行い、毎日を健康に過ごしませんか？

～人は口から老いる～。足腰が衰える前に老化のサインは口に現れると医療関係者は言います。口腔機能が低下してくると生きるために大切な「食べる」ことにも支障が出てきます。噛む、飲み込むといった動作には口のまわりの筋肉がスムーズに動く必要があるためです。

本書では、誰でも言える「あいうえお」を用い、口輪筋をはじめとする表情筋や舌を鍛える滑舌トレーニングを紹介しています。後半の発展編では、ニュースや天気予報などのアナウンサー原稿も取り上げました。音読は脳トレにもなります。

1日1回、楽しく声を出してください。

効果的なトレーニング

① はじめは鏡を見て口の動きを
確認しながらゆっくりと

② なるべく大きな声で

③「あいうえお」滑舌トレーニングは、
どれか1つを毎日行う

④「あいうえお」滑舌トレーニングと
発展編のどれかを組み合わせて行う

⑤「あいうえお」のパターンを覚え、
空いた時間にできるだけ行う

注意

・口を開けにくい方は、
決して無理をしない
・トレーニング時は
水分補給を忘れずに

目次

第１章

基礎編

基本の呼吸法、発音・発声の基本を紹介します。
毎日続けることで
しっかりした声が出るようになります。

基本の呼吸法

腹式呼吸をマスターしましょう

声を出すときの基本は、腹式呼吸です。腹式呼吸ができるようになると、のどに負担をかけずにお腹からしっかりした声が出るようになります。また、腹筋も鍛えられるのでダイエットにもつながります。この本で紹介しているトレーニングは、腹式呼吸で行いましょう。

① 背筋を伸ばし、まっすぐに立ちます

足は肩幅に開いて立ちます。腕は自然に下ろします。正面を向き上から吊られているイメージで背筋を伸ばしましょう。

横から見たところ

前から見たところ

腹式呼吸の効果

★免疫力アップ　★血行促進
★ストレス解消（リラックス）
★冷え性改善　★便秘解消
★ダイエットなど

② 口から息を吐きます

片手を軽くお腹に添えて、息を「ふ〜」とゆっくり吐いてください。
お腹がへこむのを意識しながら、これ以上吐けないというところまで行います。

③ 鼻から息を吸います

吐ききったら口を閉じ、鼻から静かに息を吸います。お腹が膨らむのを意識しながら、ゆっくり吸いましょう。息を吸うときに、肩や腕が上がらないように気をつけましょう。

④ 息を吐く→吸うを繰り返します

はじめは、「吐く」「吸う」それぞれ1回5秒を目安に、3回繰り返します。慣れてきたら、徐々に長くしましょう。10秒続けば十分です。3回のセットを1日に数回行うのがオススメです。

腹式呼吸がわかりにくいときは……

仰向けになって行うと自然に腹式呼吸になります。立っているときや座っているときにわかりにくい人は、横になって確認をしましょう。

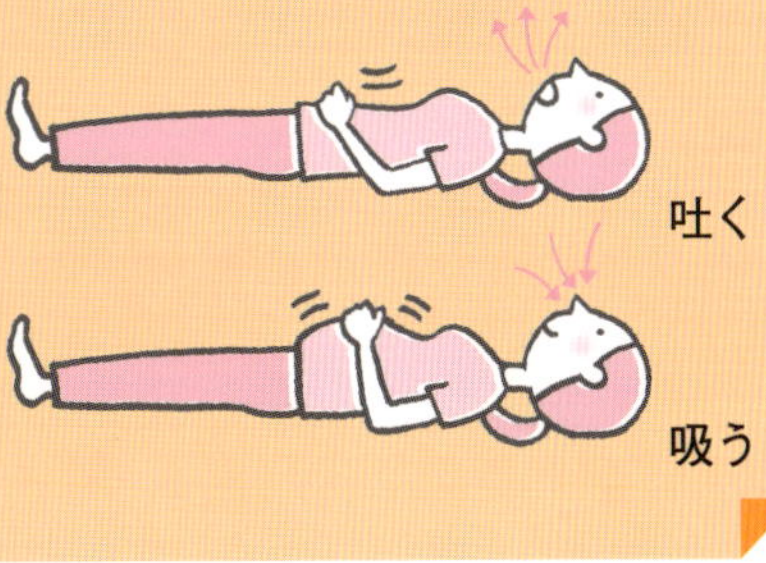

発音・発声の基本

正しく「あいうえお」の口を開けましょう

発音・発声には母音である「あ・い・う・え・お」の口を正しく開けることが基本です。しっかりと開けると、表情筋が動き、いきいきとした表情になります。

あ

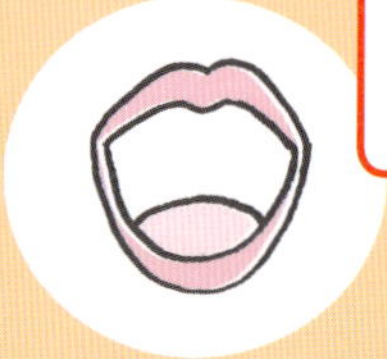

指が2～3本入るくらい縦に大きく開けます。舌は自然に下げておきます。

い

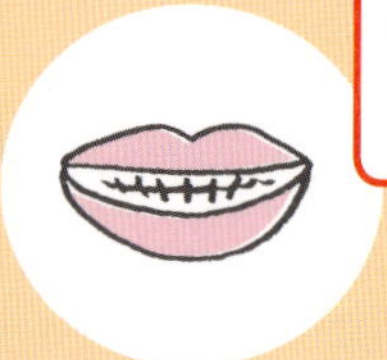

小指が1本入るくらいに開き、左右に引きます。口角を耳のほうに寄せるイメージです。

ワンポイント!

口まわりの筋肉や舌の動きを意識しながら行うと顔の筋トレになります。たるみを予防し、ハリのある肌になり美容効果も期待できます。また、若々しい表情にもつながります。

う

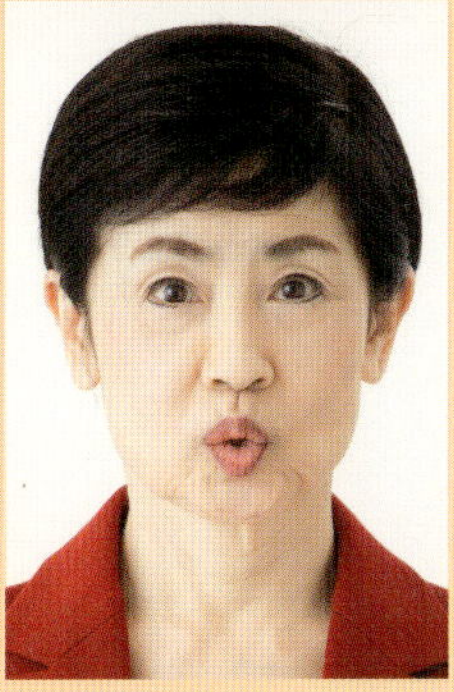

唇で小さな丸を作るようにすぼめましょう。少し前に突き出すようにします。

え

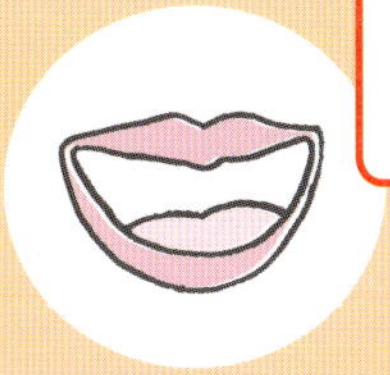

唇をやや左右に引くようにして開けます。指が１本入るくらいにしましょう。舌先はやや上向きです。

お

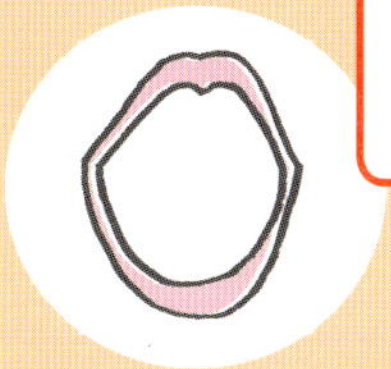

唇と頬に少し力を入れるようにして、口を縦に開けます。頬がややへこむようにします。

発音・発声の基本

大きく伸びのある声を出すトレーニング

はじめから大きな声を出そうとするとのどを痛めてしまいます。ゆっくりと無理なく、声を出すようにしましょう。腹式呼吸を意識しながら、自然に大きな声が出せるように行いましょう。

ステップ 1 ▶ “あ”の5段階発声法

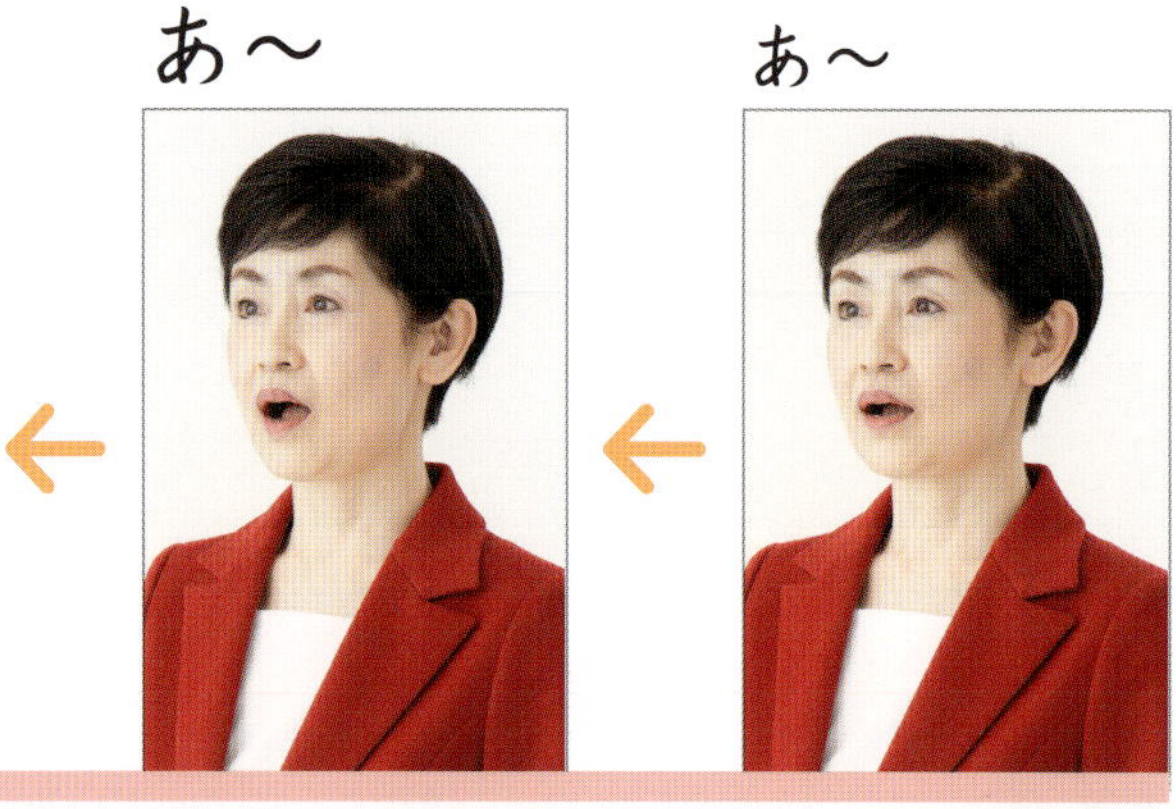

ステップ 2 ▶ “あ”の放物線発声法

声の大きさが小→中→大→中→小となるよう、口の開け方と息の量を調整しながら、連続で発声します。指で放物線を描くと、イメージしやすいでしょう。

1から5までの段階を意識しながら、徐々に大きな声を出していきます。最初は口の開け方も息の量も小さい「あ」です。最後の「あ」は、指が3本入るくらい大きく縦に口を開け、最大音量で長く息を出します。顔は正面、あごが上がったりしないように注意しながら行います。

あ〜　あ〜　あ〜

ステップ3 山をイメージした発声法

高い山で「ヤッホー」と言うイメージで発声します。5m、10m、20mと距離を思い描きながら徐々に大きな声を出していきましょう。

ヤッホー　ヤッホー　ヤッホー

発音・発声の基本

腹筋を鍛える発声トレーニング

腹筋を鍛えるために、同じ音を連続して発声します。母音の「あ行」と、お腹が自然に動く「は行」をくり返します。腹式呼吸、基本の口の開け方を忘れずに、お腹から息を吐き出すようにして行いましょう。

慣れてくるまで手を当て、お腹の動きを確認しましょう。正しい姿勢で、リラックス。肩の力を抜き、笑顔で。

手を大きく前後に動かしてお腹に当てたり、顔の両側に大きく広げたり、上半身全体を使って行うと、程よい運動にもなりますよ！

1 「あ行」を1文字3回ずつ言いましょう

あああ
いいい
ううう
えええ
おおお

①と②は、慣れてきたら5回ずつに増やしてもいいでしょう。
（例　あああああ）

2 「は行」を1文字3回ずつ言いましょう

ははは
ひひひ
ふふふ
へへへ
ほほほ

1文字1文字、きちんと発声することが大切です。「あ行」よりお腹の動きを感じるはずです。

3 「はいへいほい」を5回言いましょう

はいへいほい
はいへいほい
はいへいほい
はいへいほい
はいへいほい

腹筋だけでなく、表情筋も動かしながら声を出します。指を折りながら、5回数えましょう。

4 大笑いするイメージで言いましょう

あっはっは
いっひっひ
うっふっふ
えっへっへ
おっほっほ

①〜④まで続けて行うのが難しい場合は、1つだけでも構いません。無理なくできる範囲で楽しく行うことが大切です。

エピソード 1

滑舌トレーニングを行って……

赤間先生の講座に通う生徒さんのエピソードをご紹介します。

\ リハビリにも効果あり！の腹式呼吸 /

「田舎育ちなので正しいアクセントを少しでも覚えられたら」と60歳を過ぎて音読講座に通い始めたTさん。元々低めの響く声が魅力的でしたが、今ではさらにハリが出て声の美しさに磨きがかかっています。税務署に確定申告に出かけたところ、「お宅さん、随分と滑舌がいいけどそういう仕事でもしていたんですか？」と言われたそうです。そういう仕事？　元アナウンサーだと思っていただけたのかもしれませんね(笑)。

実はTさん、70代になり肺がんを患いました。手術で入院した際、術前・術後の【呼吸リハビリテーション】で今まで練習してきた腹式呼吸がとても役に立ったそうです。作業療法士の先生に「だいぶ上手ですね！」と褒められたとのこと。日頃の腹式呼吸練習が早期回復につながりました！　今では元の元気な声で健康ボイストレーニングを続けてくださっています。

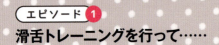

第2章

実践編

「あいうえお」を使った滑舌トレーニングを行いましょう。
トレーニングは①～⑩まであります。
毎日、１つでも行うように心がけましょう。

横に読んでみましょう

「あかさたなはまやらわ」と「あ行」から「わ行」まで横に同じ母音を発音します。基本の口の開きを意識して1音1音ゆっくり丁寧に読みましょう。

「あいうえお」を様々にアレンジした滑舌トレーニングを紹介します。「あ行」から「わ行」までスムーズに言えなかったり、「あいうえお」の順序が変わるとはじめは戸惑いますが、口腔機能向上や脳トレ効果が期待できますよ。

※右から横に読んでいきましょう

わ	ら	や	ま	は	な	た	さ	か	あ
い	り	い	み	ひ	に	ち	し	き	い
う	る	ゆ	む	ふ	ぬ	つ	す	く	う
え	れ	え	め	へ	ね	て	せ	け	え
を	ろ	よ	も	ほ	の	と	そ	こ	お

あかさたなはまやらわ
いきしちにひみいりい
うくすつぬふむゆるう
えけせてねへめえれえ
おこそとのほもよろを

ワンポイント！

はじめは大きく口を開けて1音1音ゆっくり丁寧に。次は腹筋を意識して「あ・か・さ・た……」と切るように発音しましょう。慣れてきたら早く言ってみてください。「わらやまはなたさかあ」「いりいみひにちしきい」と、「わ行」から逆に言うこともオススメです。

繰り返し読んでみましょう

「あいうえお」を1音1音、口の開け方を意識してゆっくり丁寧に読んでいきます。まずは1回からスタートして、2回・3回の繰り返しに挑戦しましょう。

あいうえおあいうえお
かきくけこかきくけこ
さしすせそさしすせそ
たちつてとたちつてと

※同じ行を2回・3回、続けて言ってみましょう

あ	い	う	え	お
か	き	く	け	こ
さ	し	す	せ	そ
た	ち	つ	て	と
な	に	ぬ	ね	の
は	ひ	ふ	へ	ほ
ま	み	む	め	も
や	い	ゆ	え	よ
ら	り	る	れ	ろ
わ	い	う	え	を

なにぬねのなにぬねの
はひふへほはひふへほ
まみむめもまみむめも
やいゆえよやいゆえよ
らりるれろらりるれろ
わいうえをわいうえを

ワンポイント!

「あいうえお」を繰り返すときは、はじめは間をあけても構いませんが、慣れてきたら「あいうえおあいうえお」、「あいうえおあいうえおあいうえお」と10文字、15文字連続で滑らかに言えるようにしてください。スピードも上げてみましょう。

逆さまに読んでみましょう

おえういあ

こけくきか

そせすしさ

とてつちた

「あいうえお」を「おえういあ」と「お」の段から逆に言います。

このページで言えるようになったら巻末の「50音表」で下から視線を動かし発声してみてください。

※下から上に読んでいきましょう

わ	ら	や	ま	は	な	た	さ	か	あ
い	り	い	み	ひ	に	ち	し	き	い
う	る	ゆ	む	ふ	ぬ	つ	す	く	う
え	れ	え	め	へ	ね	て	せ	け	え
を	ろ	よ	も	ほ	の	と	そ	こ	お

のねぬにな
ほへふひは
もめむみま
よえゆいや
ろれるりら
をえういわ

ワンポイント！

基本の口の開け方を意識することが大切です。「あ行」の「あ」が「わ」にならないよう注意。「おえういあおえういあ」「おえういあおえういあおえういあ」と2回・3回の繰り返しにもチャレンジしましょう。慣れてきたらスピードを上げてください。

音を伸ばして読んでみましょう

「あいうえお」のうちの1つの音を伸ばして読みます。「あ〜」は3秒を意識してください。「い段」以下も急がすに1音1音丁寧に発音します。口も大きく動かしてください。

あ〜いうえお

か〜きくけこ

さ〜しすせそ

・・・

「わ行」まで続けましょう

伸ばす

わ	ら	や	ま	は	な	た	さ	か	あ
い	り	い	み	ひ	に	ち	し	き	い
う	る	ゆ	む	ふ	ぬ	つ	す	く	う
え	れ	え	め	へ	ね	て	せ	け	え
を	ろ	よ	も	ほ	の	と	そ	こ	お

ほかのバリエーションにも トライしてみましょう

「い段」を伸ばそう

あい〜うえお
かき〜くけこ
さし〜すせそ
……

「う段」を伸ばそう

あいう〜えお
かきく〜けこ
さしす〜せそ
……

「え段」を伸ばそう

あいうえ〜お
かきくけ〜こ
さしすせ〜そ
……

「お段」を伸ばそう

あいうえお〜
かきくけこ〜
さしすせそ〜
……

ワンポイント！

伸ばす音を変えていきます。い・う・え・おの各段を発音するときも、3秒と口の開け方に気をつけましょう。伸ばさないところが曖昧にならないよう1音1音丁寧に言ってください。「あ〜〜〜」に拍手3回を加えてリズムをとってもいいですね。

文字を増やして読んでみましょう

「あいいうううええお」と、「あいうえお」の文字の回数を1回2回3回2回1回と変えます。腹筋や表情筋、口の開け方を意識して大きな声で発音しましょう。

あいいうううええお
かききくくくけけこ
さししすすすせせそ
たちちつつつててと

×1	あ	か	さ	た	な	は	ま	や	ら	わ
×2	い	き	し	ち	に	ひ	み	い	り	い
×3	う	く	す	つ	ぬ	ふ	む	ゆ	る	う
×2	え	け	せ	て	ね	へ	め	え	れ	え
×1	お	こ	そ	と	の	ほ	も	よ	ろ	を

なにぬぬぬねねの

はひひふふふへへほ

まみみむむむめめも

やいいゆゆゆええよ

らりりるるるれれろ

わいいうううええを

ワンポイント！

慣れたらスピードを上げます。また「あああいいうええおおお」と、繰り返す回数を「あ」を３回､「い」を２回、「う」を１回、「え」を２回、「お」を３回として読んでみましょう。２つのパターンを見ないで言えるようにすると脳トレ効果が期待できます。

1つずつずらして言ってみましょう

「あいうえお」の5文字は変えず、「あいうえお　いうえおあ　うえおあい……」と1文字ずつずらしながら言います。「あ」が「わ」にならないように口をしっかり動かしてください。

あいうえお
いうえおあ
うえおあい
えおあいう
おあいうえ

「い」からスタートした場合

あ	か	さ	た	な	は	ま	や	ら	わ
い	き	し	ち	に	ひ	み	い	り	い
う	く	す	つ	ぬ	ふ	む	ゆ	る	う
え	け	せ	て	ね	へ	め	え	れ	え
お	こ	そ	と	の	ほ	も	よ	ろ	を

※上から順にスタートの位置をずらして読みます

「あ行」以外も
言ってみましょう

かきくけこ
きくけこか
くけこかき
けこかきく
こかきくけ

さしすせそ
しすせそさ
すせそさし
せそさしす
そさしすせ

「た行」以降も言ってみましょう

ワンポイント!

このページや「50音表」を見ないで言えるようチャレンジしてください。考えながらゆっくりで構いません。慣れてきたら「あいうえおいうえおあうえおあいえおあいうおあいうえ」と息をたっぷり吸ってから25文字連続で言ってみましょう。か行以降も同様です。

順番を変えて言ってみましょう

「あいうえお」の順番を変えて言います。「あ行」を覚えれば流れは同じですからほかの行もリズミカルに言えるようになります。表情筋を意識して、口をしっかり動かしましょう。

あうおいえ
さすそしせ
なぬのにね
まむもみめ
らるろりれ

かくこきけ
たつとちて
はふほひへ
やゆよいえ
わうをいえ

※数字の順番に読んでみましょう

①	あ	か	さ	た	な	は	ま	や	ら	わ
④	い	き	し	ち	に	ひ	み	い	り	い
②	う	く	す	つ	ぬ	ふ	む	ゆ	る	う
⑤	え	け	せ	て	ね	へ	め	え	れ	え
③	お	こ	そ	と	の	ほ	も	よ	ろ	を

いろいろな順番で言ってみましょう

あおいえう
かこきけく
さそしせす
・・・

わ	ら	や	ま	は	な	た	さ	か	あ	①
い	り	い	み	ひ	に	ち	し	き	い	③
う	る	ゆ	む	ふ	ぬ	つ	す	く	う	⑤
え	れ	え	め	へ	ね	て	せ	け	え	④
を	ろ	よ	も	ほ	の	と	そ	こ	お	②

うおあいえ
くこかきけ
すそさしせ
・・・

わ	ら	や	ま	は	な	た	さ	か	あ	③
い	り	い	み	ひ	に	ち	し	き	い	④
う	る	ゆ	む	ふ	ぬ	つ	す	く	う	①
え	れ	え	め	へ	ね	て	せ	け	え	⑤
を	ろ	よ	も	ほ	の	と	そ	こ	お	②

ワンポイント！

ここでは３つのパターンを紹介していますが、ご自分で変化をつけ、いろいろなバリエーションに挑戦してください。「いえあおう」「えおういあ」「おうあえい」など。慣れたらそれぞれ見ないで言ってみましょう。脳トレになりますよ。

ら行を混ぜて言ってみましょう

「らりるれろ」とほかの行の文字とを交互に言うトレーニングです。「あ行」なら「あらいりうるえれおろ」となります。「ら行」を発音するときは舌の動きを意識して言いましょう。

あらいりうるえれおろ
からきりくるけれこ ろ
さらしりするせれそろ
たらちりつるてれとろ

※間に「ら行」を混ぜて読みます

あ	か	さ	た	な	は	ま	や	ら	わ	ら
い	き	し	ち	に	ひ	み	い	り	い	り
う	く	す	つ	ぬ	ふ	む	ゆ	る	う	る
え	け	せ	て	ね	へ	め	え	れ	え	れ
お	こ	そ	と	の	ほ	も	よ	ろ	を	ろ

ならにりぬるねれのろ
はらひりふるへれほろ
まらみりむるめれもろ
やらいりゆるえれよろ
らられれるるれれろろ
わらいりうるえれをろ

ワンポイント!

はじめは、口の開け方に気をつけ表情筋がよく動くようにゆっくり、慣れてきたらスピードを上げましょう。さらに「あらいりうるえれおろからきりくるけれころ」と２行20文字を一気に言えるようチャレンジしてください。「ら行」の発声は口腔機能の向上に効果が期待できます。

演劇の練習風に言ってみましょう

役者やアナウンサーが滑舌トレーニングで行うパターンです。「あえいうえおあお」の8つの音は、口をしっかり開け1つ1つ丁寧に言いましょう。表情筋も鍛えられます。

あえいうえおあお
かけきくけこかこ
させしすせそさそ
たてちつてとたと

※数字の順番に読んでみましょう

わ	ら	や	ま	は	な	た	さ	か	あ	①　⑦
い	り	い	み	ひ	に	ち	し	き	い	③
う	る	ゆ	む	ふ	ぬ	つ	す	く	う	④
え	れ	え	め	へ	ね	て	せ	け	え	②⑤
を	ろ	よ	も	ほ	の	と	そ	こ	お	⑥⑧

なねにぬねのなの
はへひふへほはほ
まめみむめもまも
やえいゆえよやよ
られりるれろらろ
わえいうえをわを

ワンポイント!

順番が頭に入ったらこのページや「50音表」を見ないで言うようにしてください。「あ・え・い・う・え・お・あ・お」と腹筋を意識して切るように発音する、2回連続を一息で言うなどにもチャレンジしてください。

強弱をつけて言ってみましょう

前のページで紹介した「あえいうえおあお」を声に強弱をつけて発音します。大きく濃い文字は大きな声で、小さくて薄い文字は声も小さくします。

あえいうえおあお

あえいうえおあお

あえいうえおあお

あえいうえおあお

わ	ら	や	ま	は	な	た	さ	か	あ	①　⑦
い	り	い	み	ひ	に	ち	し	き	い	③
う	る	ゆ	む	ふ	ぬ	つ	す	く	う	④
え	れ	え	め	へ	ね	て	せ	け	え	②⑤
を	ろ	よ	も	ほ	の	と	そ	こ	お	⑥⑧

あえいうえおあお
あえいうえおあお
あえいうえおあお
あえいうえおあお

ワンポイント！

小さい文字から大きな文字に移るときは、腹筋を意識して声をしっかり出しましょう。慣れたらそれぞれの行を２回繰り返して言ってください。２回め１音目の発音が１回めの終わりにつられ難しく感じますが、リズミカルに言えるようチャレンジしましょう。

エピソード 2

滑舌トレーニングを行って……

赤間先生の講座に通う生徒さんの
エピソードをご紹介します。

原稿読みのボランティアで「若さ」をキープ

高校教師だったKさんは定年退職後「朗読奉仕の会」に入会しました。視覚障害者のある方に本の音訳化などのサービスを提供するボランティアです。ところが、録音する際に声がかすれてうまく発声できません。また滑舌が悪いこととアクセントの間違いを先輩方に指摘されてしまいました。その克服のために音読講座に通いはじめ、10年余り続けてくださっています。腹式呼吸を体得することで声にハリが出ました。「あいうえお」の発音練習を毎日行うことでボランティアでの原稿をクリアに読むことができるようになったそうです。Kさんは「発声滑舌トレーニングの反復は老化防止にもとても役立っています。老化の坂が緩やかになっているようです」とおっしゃいます。ニュース、天気予報、コマーシャルなど様々な原稿を音読することで脳が刺激され「若さ」を持続できているとも。楽しみながら取り組んでいただくことが一番です。

第3章

応用編

「あいうえお」を使った滑舌トレーニングの応用編です。
実践編の①～⑩と組み合わせて行うと
さらに高い効果が期待できます。
脳トレにオススメのトレーニングもあります。

手拍子を入れて言ってみましょう

口を動かすと同時に手も動かし、運動効果を高めるトレーニングです。まずは、1回手拍子をするパターン。イラストにあわせ手拍子を入れてください。

これまでは「あいうえお」の滑舌トレーニングの基本をご紹介しましたが、ここからはより楽しんでいただける要素を取り入れました。発声しながら手拍子する発音動作トレーニングに挑戦しましょう。手は強めにしっかり叩きます。

わ	ら	や	ま	は	な	た	さ	か	あ
い	り	い	み	ひ	に	ち	し	き	い
う	る	ゆ	む	ふ	ぬ	つ	す	く	う
え	れ	え	め	へ	ね	て	せ	け	え
を	ろ	よ	も	ほ	の	と	そ	こ	お

あいうえお
パチッ
かきくけこ
パチッ
…

「わ行」まで
言ってみましょう

ほかのパターンでも
やってみましょう

あい　パチッ　うえお

あいう　パチッ　えお

あいうえ　パチッ　お

あいうえお　パチッ

ワンポイント！

はじめはイラストのように発音と手拍子を分けて行いますが、「い」「う」と言いながら同時に手拍子をするパターンも行いましょう。叩くときは手のひらが刺激されるようにパチッ！　ただし、手に気をとられて声が小さくならないようにしてくださいね。

手拍子を2回にしてみましょう

手拍子する回数を2回にしました。基本の口の形を意識して声はしっかり出し、パチッパチッと音が鳴るように大きく拍手をします。リズミカルに行ってください。

あ

パチッ

い

パチッ

うえお

か

パチッ

き

パチッ

くけこ

さ

パチッ

し

パチッ

すせそ

…

わ	ら	や	ま	は	な	た	さ	か	あ
い	り	い	み	ひ	に	ち	し	き	い
う	る	ゆ	む	ふ	ぬ	つ	す	く	う
え	れ	え	め	へ	ね	て	せ	け	え
を	ろ	よ	も	ほ	の	と	そ	こ	お

パチッ　パチッ

いろいろなパターンでトライしてみましょう

「あ」と「う」のあとに手拍子

あ パチッ👏 いう パチッ👏 えお
か パチッ👏 きく パチッ👏 けこ
さ パチッ👏 しす パチッ👏 せそ
……

「あ」と「お」のあとに手拍子

あ パチッ👏 いうえお パチッ👏
か パチッ👏 きくけこ パチッ👏
さ パチッ👏 しすせそ パチッ👏
……

「あ」と「え」のあとに手拍子

あ パチッ👏 いうえ パチッ👏 お
か パチッ👏 きくけ パチッ👏 こ
さ パチッ👏 しすせ パチッ👏 そ
……

「い」と「う」のあとに手拍子

あい パチッ👏 う パチッ👏 えお
かき パチッ👏 く パチッ👏 けこ
さし パチッ👏 す パチッ👏 せそ
……

ワンポイント！

慣れたら手拍子の回数に変化をつけることに挑戦してください。「あ👏い👏👏う👏👏👏え👏👏お👏」とそれぞれの間に１・２・３・２・１回の順です。逆の３・２・１・２・３回も。本書を見ないでできるといいですね。

いろは言葉を言ってみましょう

「あいうえお」から離れて「いろは言葉」を読みましょう。基本の口の開け方を意識し、表情筋を動かします。はじめは歌の訳ではなく文字の音そのままで言ってください。

いろはにほへと
ちりぬるを
わかよたれそ

色は匂へど
散りぬるを
我が世たれぞ

つねならむ
ういのおくやま
けふこえて
あさきゆめみし
えひもせす

常ならむ
有為の奥山
今日越えて
浅き夢見じ
酔ひもせず

ワンポイント!

滑舌トレーニングとして１音１音ゆっくり丁寧に言いましょう。続いて、「い・ろ・は・に・ほ・へ・と・ち・り・ぬ・る・を」と腹筋を意識して切るように発音しましょう。運動効果も期待できます。もちろん訳に添って「七五調」でも楽しんでください。

いろいろな順番で言ってみましょう

「いろは言葉」をパズルのようにマスに並べました。矢印の方向に1音1音丁寧に言ってみましょう。ここでも口の開け方を意識して表情筋を動かすようにしてください。

最初は「い👏ろは……」と普通に読み、慣れてきたら①～③のパターンで言ってみましょう。

①矢印のように言ってみましょう

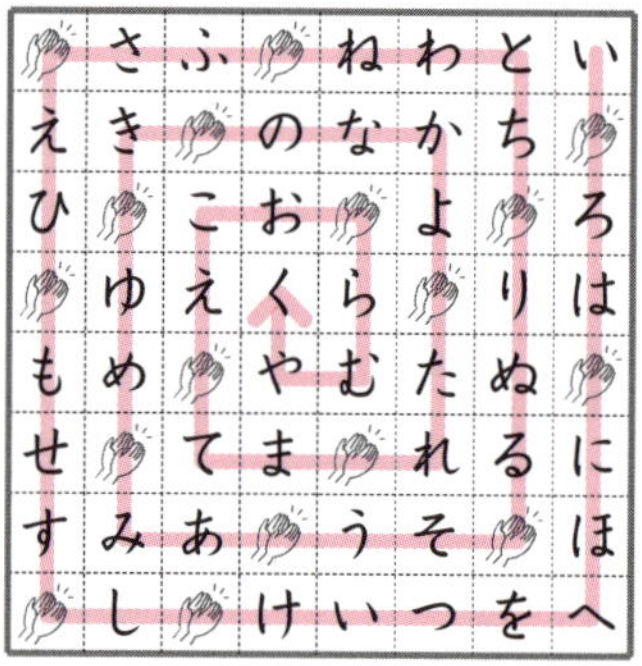

②矢印のように言ってみましょう

③矢印のように言ってみましょう

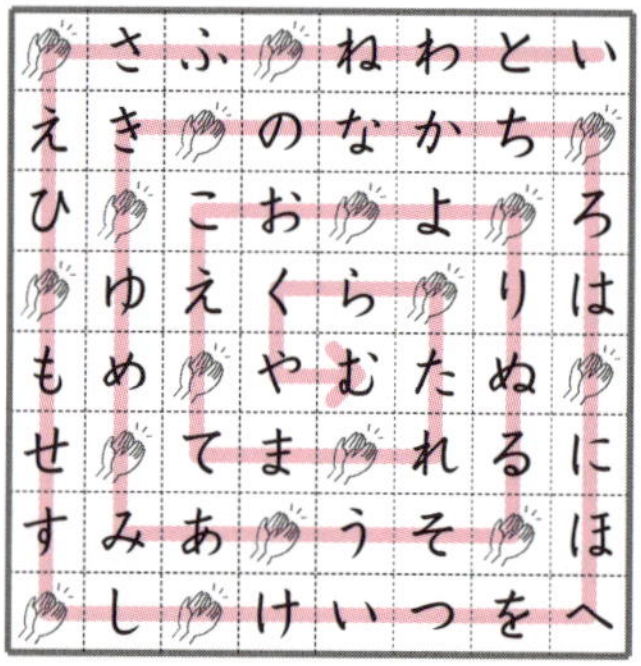

	さ	ふ		ね	わ	と	い
え	き		の	な	か	ち	
ひ		こ	お		よ		ろ
	ゆ	え	く	ら		り	は
も	め		や	む	た	ぬ	
せ		て	ま		れ	る	に
す	み	あ		う	そ		ほ
	し		け	い	つ	を	へ

ワンポイント！

50音と比べ母音の規則性がありません。文字を目で確認し考えながら発声するので、脳トレ効果が期待できます。言えるようになってきたら、腹筋を意識して1音1音切るバージョンにもチャレンジしてください。

エピソード 3

滑舌トレーニングを行って……

赤間先生の講座に通う生徒さんのエピソードをご紹介します。

疲れが取れる！お風呂でのトレーニング

「お風呂で発声トレーニングをしています」というCさん。入浴時に湯船にゆっくり浸かりながら「あいうえお」の発声練習や早口言葉を言ったりしているそうです。お風呂でのトレーニングは１日の疲れが取れすっきりするとのこと。浴室は反響がいいですから声が伸びやかに聞こえますね。湿度が高いので、のどの乾燥も防いでくれます（長時間行うとのぼせの原因になりますのでご注意ください）。

「滑舌をよくしたい、よく通る響く声になりたい」と通いはじめて10年余り。テーブルコーディネートの講師を務めることもあるCさんは、声を出すときに大切な正しい姿勢を意識するようになりました。また、滑舌練習や早口言葉は表情筋が鍛えられるので、口の動きがスムーズになり言葉がはっきりしてきたとおっしゃいます。私から見ても笑顔がますます輝いて素敵です！

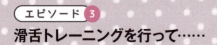

第4章

発展編

早口言葉、いろはかるた、百人一首……。

懐かしいものも多いのではないでしょうか？

アナウンサーにチャレンジのトレーニングでは、

ぜひなりきって読んでみてください。

早口言葉を言ってみましょう

早口言葉ですが、
早く言う必要はありません。
口の開け方を意識してゆっくり
丁寧に言いましょう。

赤《あか》カマキリ
青《あお》カマキリ
黄《き》カマキリ

国語《こくご》　熟語《じゅくご》　述語《じゅつご》　主語《しゅご》

早口言葉は、滑舌や口腔機能向上に効果が期待できます。すぐには言えないかもしれませんが楽しみましょう。笑うことも大切！　慣れたらスピードアップ。さらに言えるようになったら、2回、3回連続に挑戦です。

早口言葉を言ってみましょう

老若男女《ろうにゃくなんにょ》
骨粗鬆症《こつそしょうしょう》

その数珠《じゅず》は増上寺《ぞうじょうじ》の僧正《そうじょう》の数珠《じゅず》

早口言葉を言ってみましょう

この釘《くぎ》は
引《ひ》き抜《ぬ》きにくい
釘《くぎ》だ

お綾《あや》や
親《おや》にお謝《あやま》り、
お綾《あや》や
お湯《ゆ》屋《や》に行《い》くと
八《や》百《お》屋《や》にお言《い》い

早口言葉を言ってみましょう

肩《かた》固《かた》かったから
買《か》った肩《かた》叩《たた》き機《き》
叩《たた》きにくかった

歌《うた》唄《うた》いが来《き》て
歌《うた》唄《うた》えと言《い》うが
歌《うた》唄《うた》いくらい
歌《うた》唄《うた》えれば歌《うた》唄《うた》うが
歌《うた》唄《うた》いくらい
歌《うた》唄《うた》えぬから歌《うた》唄《うた》わぬ

外郎売りを演じてみましょう

役者やアナウンサーの滑舌練習に欠かせないのが「外郎売り」。歌舞伎の演目としても有名です。早口言葉が連続しますので、はじめは口の開け方を意識してゆっくり読みましょう

前略

さて、この薬《くすり》、第一《だいいち》の奇妙《きみょう》には、
舌《した》のまわることが、銭独楽《ぜにごま》がはだしで逃《に》げる。
ひょっと舌《した》がまわり出《だ》すと、矢《や》も楯《たて》もたまらぬじゃ。
そりゃそりゃ、そらそりゃ、
まわってきたわ、まわってくるわ。
アワヤ咽《のんど》、サタラナ舌《した》に、カ牙《げ》サ歯音《しおん》、
ハマの二《ふた》つは唇《くちびる》の軽重《けいちょう》、開合《かいごう》さわやかに、
あかさたなはまやらわ、おこそとのほもよろを。
一《ひと》つへぎへぎに　へぎほし　はじかみ、
盆豆《ぼんまめ》　盆米《ぼんごめ》　盆《ぼん》ごぼう、

ワンポイント！

はじめは1～2行ずつ練習しましょう。それぞれスムーズに言えるようになったら通しで行います。歌舞伎役者になったつもりで演じてみてください。舞台から客席に向けてセリフを言うイメージです。大きな声で読んでください。

摘《つ》み蓼《たで》　つみ豆《まめ》　つみ山椒《さんしょう》、書写山《しょしゃざん》の社僧正《しゃそうじょう》、
粉米《こごめ》のなまがみ　粉米《こごめ》のなまがみ　こん粉米《こごめ》の小生《こなま》がみ、
繻子《しゅす》・非繻子《ひじゅす》・繻子《しゅす》・繻珍《しゅちん》、
親《おや》も嘉兵衛《かへい》　子《こ》も嘉兵衛《かへい》、
親嘉兵衛《おやかへい》子嘉兵衛《こかへい》　子嘉兵衛《こかへい》親嘉兵衛《おやかへい》、
古栗《ふるくり》の木《き》の古切口《ふるきりくち》、雨合羽《あまがっぱ》か番合羽《ばんかっぱ》か、
貴様《きさま》の脚絆《きゃはん》も皮脚絆《かわぎゃはん》、我等《われら》が脚絆《きゃはん》も皮脚絆《かわぎゃはん》、
しっ皮袴《かわばかま》のしっぽころびを、三針《みはり》はり長《なが》にちょと縫《ぬ》うて、
縫《ぬ》うてちょとぶんだせ、
河原撫子《かわらなでしこ》　野石竹《のぜきちく》、のら如来《にょらい》　のら如来《にょらい》
三《み》のら如来《にょらい》に六《む》のら如来《にょらい》。
一寸先《いっすんさき》のお小仏《こぼとけ》に　おけつまずきやるな、
細溝《ほそみぞ》にどじょうにょろり。
京《きょう》の生鱈《なまだら》　奈良《なら》生学鰹《なまながつお》、ちょと四五貫目《しごかんめ》、
お茶立《ちゃた》ちょ茶立《ちゃた》ちょちゃっと立《た》ちょ茶立《ちゃた》ちょ、
青竹茶筅《あおだけちゃせん》でお茶《ちゃ》ちゃっと立《た》ちゃ。

後略

＼解説／

外郎売りは、中国から渡ってきた「透頂香（とうちんこう）」という薬を街頭で売る男の話です。話の由来や効能について語り、特に口の回りがとてもよくなることを説明するために早口言葉としておなじみの台詞が次々と繰り出されます。全文読むと7〜8分ほどかかります。歌舞伎で上演されますので、生で観るのも楽しいですよ。

古典で滑舌トレーニング①

リズミカルな詩を読んでみましょう

北原白秋「五十音」です。役者やアナウンサーの滑舌練習で用いられます。「四・四・五調」のリズムを意識してテンポよく読みましょう。口もしっかり動かしてください。

五十音

北原白秋

水馬《あめんぼ》赤《あか》いなアイウエオ　浮藻《うきも》に小蝦《こえび》もおよいでる
柿《かき》の木《き》栗《くり》の木《き》カキクケコ　啄木鳥《きつつき》こつこつ枯《か》れけやき
大角豆《ささげ》に酢《す》をかけサシスセソ　その魚《うお》浅瀬《あさせ》で刺《さ》しました
立《た》ちましょ喇叭《らっぱ》でタチツテト　トテトテタッタと飛《と》び立《た》った

蛞蝓《なめくじ》のろのろナニヌネノ　納戸《なんど》にぬめってなにねばる

鳩《はと》ポッポほろほろハヒフヘホ　日向《ひなた》のお部屋《へや》にゃ笛《ふえ》を吹《ふ》く

蝸牛《まいまい》螺旋巻《ねじまき》マミムメモ　梅《うめ》の実《み》落《お》ちても見《み》もしまい

焼栗《やきぐり》ゆで栗《ぐり》ヤイユエヨ　山田《やまだ》に灯《ひ》のつく宵《よい》の家《いえ》

雷鳥《らいちょう》は寒《さむ》かろラリルレロ　蓮華《れんげ》が咲《さ》いたら瑠璃《るり》の鳥《とり》

わっしょいわっしょいワイウエオ

植木屋《うえきや》井戸《いど》換《が》え　お祭《まつ》りだ

ワンポイント!

あめんぼの「あ」、赤いの「あ」、アイウエオの「あ」など、最初の音を意識して明瞭に発音しましょう。手拍子をしたりラップ調にアレンジしたりと楽しんでください。暗記にもチャレンジしませんか？

いろはかるたを読んでみましょう

「江戸いろはかるた」です。ことわざとしてよく知られているものがたくさんありますね。かるた大会の読み上げをイメージして大きく伸びやかな声で読んでみましょう。

い　ろ　は　に　ほ　へ　と　ち　り

犬《いぬ》も歩《ある》けば棒《ぼう》に当《あ》たる
論《ろん》より証《しょう》拠《こ》
花《はな》より団《だん》子《ご》
憎《にく》まれっ子《こ》世《よ》にはばかる
骨《ほね》折《お》り損《ぞん》のくたびれ儲《もう》け
屁《へ》をひって尻《しり》すぼめる
年《とし》寄《よ》りの冷《ひ》や水《みず》
塵《ちり》も積《つ》もれば山《やま》となる
律《りち》儀《ぎ》者《もの》の子《こ》沢《だく》山《さん》

参考資料　『いろはカルタに潜む　江戸のこころ・上方の知恵』小学館

むらなねつそれたよかわをるぬ

盗人《ぬすびと》の昼寝《ひるね》
瑠璃《るり》も玻璃《はり》も照《て》らせば光《ひか》る
老《お》いては子《こ》に従え
破《わ》れ鍋《なべ》に綴《と》じ蓋《ぶた》
かったいのかさ恨《うら》み
葦《よし》の髄《ずい》から天井《てんじょう》覗《のぞ》く
旅《たび》は道連《みちづ》れ世《よ》は情《なさ》け
良薬《りょうやく(れいやく)》は口《くち》に苦《にが》し
総領《そうりょう》の甚六《じんろく》
月夜《つきよ》に釜《かま》をぬく
念《ねん》には念《ねん》を入《い》れよ
泣《な》きっ面《つら》に蜂《はち》
楽《らく》あれば苦《く》あり
無理《むり》が通《とお》れば道理《どうり》引《ひ》っ込《こ》む

ワンポイント！

「滑舌」のトレーニングを目的としていますので、「あいうえお」の口の開け方を意識してください。2回3回と繰り返しても表情筋が鍛えられます。

いろはかるたを読んでみましょう

うゐのおくやまけふこえ

嘘《うそ》から出《で》たまこと
芋《いも》の煮《に》えたもご存《ぞん》じない
喉元《のどもと》過《す》ぎれば熱《あつ》さ忘《わす》れる
鬼《おに》に金棒《かなぼう》
臭《くさ》いものにふた
安物買《やすものが》いの銭失《ぜにうしな》い
負《ま》けるが勝《か》ち
芸《げい》は身《み》を助《たす》ける
文《ふみ》をやりたし　書《か》く手《て》は持《も》たぬ
子《こ》は三界《さんがい》の首枷《くびかせ》
得手《えて》に帆《ほ》を揚《あ》げ

京すせもひえしみめゆきさあて

亭主《ていしゅ》の好《す》きな赤烏帽子《あかえぼし》
頭隠《あたまかく》して尻隠《しりかく》さず
三遍回《さんぺんまわ》って煙草《たばこ》にしょ
聞《き》いて極楽《ごくらく》見《み》て地獄《じごく》
油断大敵《ゆだんたいてき》
目《め》の上《うえ》のこぶ
身《み》から出《で》たさび
知《し》らぬが仏《ほとけ》
縁《えん》は異《い》なもの味《あじ》なもの
貧乏暇《びんぼうひま》なし
門前《もんぜん》の小僧習《こぞうなら》わぬ経《きょう》を読《よ》む
背《せ》に腹《はら》はかえられぬ
粋《すい》は身《み》を食《く》う
京《きょう》の夢《ゆめ》　大坂《おおさか》の夢《ゆめ》

寿限無を読んでみましょう

ご存じ、落語の「寿限無」です。
ここでも1音1音丁寧に口を
しっかり動かして読んでください。

寿限無寿限無《じゅげむじゅげむ》
五劫《ごこう》の擦《す》り切《き》れ
海砂利水魚《かいじゃりすいぎょ》の
水行末《すいぎょうまつ》
雲来末風来末《うんらいまつふうらいまつ》

＼あらすじ／

子どもが生まれた父親が、和尚さまにめでたい名前をつけてほしいとお願いをします。めでたい言葉をどんどんつなげてできた名前が上で紹介した寿限無……長助。ある日、その子にぶたれてこぶができたと、友だちが彼の母親に言いつけに行ったけれど、名前が長すぎて説明に手こずっている間に、こぶはすっかり引っ込んでいました。

食《く》う寝《ね》るところに住《す》むところ
やぶら小路《こうじ》のぶら小路《こうじ》
パイポパイポパイポの
シューリンガン
シューリンガンのグーリンダイ
グーリンダイのポンポコピーの
ポンポコナーの長久命《ちょうきゅうめい》の長助《ちょうすけ》

ワンポイント!

まずはゆっくり丁寧に。少しずつ早く読むようにします。慣れたら最初から最後まで一息で言います。繰り返すうちに長く息が続くようになります。ただし、無理はしないでください。見ないで言えるように挑戦しましょう。

古典で滑舌トレーニング5

百人一首を読んでみましょう

誰でも一度は聞いたことがある人気の歌を選びました。はじめは滑舌よく1つひとつの音を丁寧に発音してください。次は、読み手になったつもりで「五七五七七」調を意識して読みましょう。

花《はな》の色《いろ》は移《うつ》りにけりないたづらに
わが身《み》世《よ》にふるながめせしまに
小野小町《おののこまち》

美しかった花の色も、春の長雨の間に色褪せてしまったなあ。同じように私の容色もあれこれ悩んでいるうちに衰えてしまった。

忍《しの》ぶれど色《いろ》に出《い》でにけりわが恋《こい》は
ものや思《おも》ふと人《ひと》の問《と》ふまで

平兼盛《たいらのかねもり》

誰にも知られないようにしてきた私の恋。とうとう顔色にまで出るようになってしまった。悩みがあるのかと人に聞かれるほどに。

ひさかたの光《ひかり》のどけき春《はる》の日《ひ》に
しづ心《ごころ》なく花《はな》の散《ち》るらむ

紀友則《きのとものり》

こんなにも光がのどかな春の日なのに、桜の花はどうしてあわただしく散っていってしまうのだろう。

ワンポイント!

「花の色は～～～～～移りにけりな～～～～～いたづらに～～～～～わが身世にふる～～～～～ながめせしまに～～～～～」と～の部分1つを1秒として伸びやかに読みましょう。5m先に届くように意識すると声が通りますよ。

古典で滑舌トレーニング❻

百人一首を読んでみましょう

天《あま》の原《はら》ふりさけ見《み》れば春日《かすが》なる
三笠《みかさ》の山《やま》に出《い》でし月《つき》かも
安倍仲麿《あべのなかまろ》

空を見てみると、美しい月が昇っている。あの月は、故郷の春日にある三笠山に昇っているのと同じ月なのだなあ。

奥山《おくやま》に紅葉《もみじ》踏《ふ》み分《わ》け鳴《な》く鹿《しか》の
声《こえ》聞《き》く時《とき》ぞ秋《あき》は悲《かな》しき

猿丸大夫《さるまるだゆう》

山奥で、散り落ちた落ち葉を踏みしめながら鹿が鳴いている。その声を聞くと、秋が悲しいものだと感じられることだ。

田子《たご》の浦《うら》にうち出《い》でて見《み》れば白妙《しろたえ》の
富士《ふじ》の高嶺《たかね》に雪《ゆき》は降《ふ》りつつ

山辺赤人《やまべのあかひと》

田子の浦に出かけて遥かかなたを眺めると、真っ白な布をかぶったような富士山の高い峰。そこに、しんしんと雪が降り積もっている。

ワンポイント！

「天の原～～～～～ふりさけ見れば～～～～～」の伸ばす部分に手拍子を入れたり、指を折ったりしてみてください。５秒の部分を息が続く限り長く伸ばすことにもチャレンジしてみましょう。

古典で滑舌トレーニング7

南京玉すだれの口上を読んでみましょう

威勢のよい掛け声が楽しい
お馴染みの大道芸「南京玉すだれ」。
まずは、口の開け方を意識して
ゆっくり丁寧に読みましょう。

アさて　アさて　アさて　さて　さて　さて
さては　南京玉《なんきんたま》すだれ
チョイと　伸《の》ばせば　浦島太郎《うらしまたろう》さんの
魚釣《うおつ》り竿《ざお》に　チョイと　似《に》たり
浦島太郎《うらしまたろう》さんの　魚釣《うおつ》り竿《ざお》が
お目《め》に　とまれば　おなぐさみ
お目《め》に　とまれば　元《もと》へと返《かえ》す

＼解説／

軽快なリズムにのり独特の口上を披露する大道芸「南京玉すだれ」。竹製のすだれを釣竿や橋などの形に見立てて操ります。演者や地域によって口上の言い回しが異なりますが、滑舌トレーニングに適したものを選びました。

アさて　アさて　さては　南京玉《なんきんたま》すだれ
チョイと　返《かえ》せば　瀬田《せた》の唐橋《からはし》
唐金《からかね》擬宝珠《ぎぼし》
擬宝珠《ぎぼし》ないのが　おなぐさみ
瀬田《せた》の唐橋《からはし》
お目《め》に　とまれば　元《もと》へと返《かえ》す

アさて　アさて　さては　南京玉《なんきんたま》すだれ
チョイと　伸《の》ばせば
阿弥陀如来《あみだにょらい》か　釈迦牟尼《しゃかむに》か
後光《ごこう》が見えれば　おなぐさみ
阿弥陀如来《あみだにょらい》が　お目《め》に　とまれば
元《もと》へと　返《かえ》す

ワンポイント！

ゆっくり丁寧に音読したら、手拍子をしたり身体を動かしながらお馴染みの南京玉すだれのリズムで演じ楽しんでください。「アさて、アさて……」のフレーズはお腹から大きな声を出すといいですね。

アナウンサーにチャレンジで滑舌トレーニング❶

トピックの原稿にチャレンジしましょう

季節のトピックニュースを読みます。誰もが待ち遠しい桜の開花。明るいトーンで顔の表情も意識して読みましょう。

アナウンサーの基本は「ニュース」です。音読教材に取り上げられることはほとんどありませんが、滑舌練習にオススメです。丁寧に伝わるように読むことが大切。アナウンサーになったつもりで様々な原稿にチャレンジしてください。

『桜の開花ニュース』

日本ウエザー協会は、日本全国51地点の桜の開花予想第1回を発表しました。開花が最も早い地域は九州の宮崎・熊本、四国の高知で、予想は3月22日です。今年の桜の開花傾向は、九州が平年並みかやや早いですが、全国的には平年並みと予想されています。開花が最も早い宮崎・熊本・高知に続き、長崎と鹿児島が3月24日、東京や福岡が25日。そして、4月上旬には山陰から北陸、関東北部でも開花する見込みです。今からお花見が待ち遠しい方も多いのではないでしょうか？桜開花予想の第2回は、2月22日に発表されます。

※日本ウエザー協会は架空の団体名です

ワンポイント！

「宮崎」「熊本」などの地名、「３月22日」などの日付を丁寧に少し強調する意識で読みましょう。早口にならないように、テレビ画面の日本地図をイメージするといいですよ。

アナウンサーにチャレンジで滑舌トレーニング❷

スポーツの原稿にチャレンジしましょう

私たちに大きな感動を届けてくれるスポーツ。世界的大記録を打ち立てたニュースを選びました。スポーツニュースはカタカナや数字が多く登場します。滑舌よく丁寧に読みましょう。

『イチロー３０００本安打達成のニュース』

メジャーリーグベースボール、マイアミ・マーリンズのイチロー選手がコロラド・ロッキーズ戦で、メジャー史上30人目となる通算３０００本安打達成という偉業を成し遂げました。

イチロー選手は、６番センターでスタメン出場。第１打席は空振り三振、第２打席はピッチャーゴロ、第３打席はショートゴロでしたが、７回の第４打席であわやホームランというライトフェンス直撃の３《スリー》ベースヒットを打ち、３０００本安打を達成しました。

３０００本安打達成の瞬間、スタンドのファンたちは立ち上がって喜び、チームメートもベンチから飛び出して祝福しました。

『羽生選手金メダル獲得のニュース』

平昌《ピョンチャン》冬季オリンピック、フィギュアスケート・男子フリーが行われ、前日のショートプログラム首位の羽生結弦《はにゅうゆづる》選手が圧巻の演技を披露し、フリー206・17点、合計317・85点で金メダルを獲得しました。

羽生選手は、昨年11月、NHK杯の公式練習で右足首を負傷し、シーズンの残り試合をすべて欠場していました。

しかし、オリンピックでは痛み止めを飲みぶっつけ本番で臨んだにもかかわらず神がかった演技を見せ、日本選手として冬季オリンピック個人種目では初めて2大会連続で頂点に立ちました。

『金メダルはいろんなものを犠牲にしてがんばってきたご褒美』羽生選手は「絶対王者」の称号を手にするとともに、日本中に大きな感動を届けました。

冬季オリンピック、男子フィギュアスケートでの2連覇達成は、1948年サンモリッツ大会、1952年オスロ大会のリチャード・バットン選手以来、66年ぶりです。

スポーツの原稿にチャレンジしましょう

大相撲のニュースです。四股名《しこな》や決まり手など言いにくい言葉が多く登場します。1音1音丁寧に口をしっかり動かしてゆっくり読みましょう。

『大相撲千秋楽』

大相撲九州場所千秋楽の結果です。
阿武咲《おうのしょう》と豊山《ゆたかやま》は　押《お》し出《だ》しで　阿武咲《おうのしょう》が勝ちました。
佐田《さだ》の海《うみ》と大翔丸《だいしょうまる》は　押《お》し出《だ》しで　佐田《さだ》の海《うみ》
琴奨菊《ことしょうぎく》と明生《めいせい》は　すくい投《な》げで　琴奨菊《ことしょうぎく》
千代《ちよ》の国《くに》と宝富士《たからふじ》は　寄《よ》り切《き》りで　宝富士《たからふじ》
勢《いきおい》と千代丸《ちよまる》は　寄《よ》り切《き》りで　勢《いきおい》
阿炎《あび》と千代翔馬《ちよしょうま》は　突《つ》き落《お》としで　千代翔馬《ちよしょうま》

2018年大相撲九州場所千秋楽より

貴《たか》ノ岩《いわ》と遠藤《えんどう》は　寄《よ》り切《き》りで　遠藤《えんどう》の勝ち。
大奄美《だいあまみ》と朝乃山《あさのやま》は　寄《よ》り切《き》りで　朝乃山《あさのやま》
碧山《あおいやま》と嘉風《よしかぜ》は　押《お》し出《だ》しで　碧山《あおいやま》
大栄翔《だいえいしょう》と竜電《りゅうでん》は　寄《よ》り切《き》りで　竜電《りゅうでん》
隠岐《おき》の海《うみ》と玉鷲《たまわし》は　突《つ》き落《お》としで　隠岐《おき》の海《うみ》
栃煌山《とちおうざん》と正代《しょうだい》は　押《お》し出《だ》しで　正代《しょうだい》
隆《たか》の勝《しょう》と北勝富士《ほくとふじ》は　突《つ》き落《お》としで　北勝富士《ほくとふじ》
妙義龍《みょうぎりゅう》と千代大龍《ちよたいりゅう》は　押《お》し出《だ》しで　妙義龍《みょうぎりゅう》
貴景勝《たかけいしょう》と錦木《にしきぎ》は　はたき込《こ》みで　貴景勝《たかけいしょう》
輝《かがやき》と逸ノ城《いちのじょう》は　押《お》し出《だ》しで　輝《かがやき》
松鳳山《しょうほうざん》と栃ノ心《とちのしん》は　上手投《うわてな》げで　松鳳山《しょうほうざん》
御嶽海《みたけうみ》と高安《たかやす》は　すくい投《な》げで　御嶽海《みたけうみ》が勝ちました。
千秋楽の結果、13勝２敗で小結《こむすび》貴景勝《たかけいしょう》が初優勝を飾りました。

天気予報にチャレンジしましょう

テレビやラジオで毎日聞く天気予報。文章が短いので簡単に思えますが、地域名、地名、天気状況、数字など大切な要素ばかりです。ゆっくり丁寧に読みましょう。

天気予報です。日本列島は、北海道から九州まで広い範囲で晴れています。北日本の上空にある暖かい空気の影響で、北海道や東北を中心に、きのうより気温が高くなっている所が多くなっています。日中の最高気温は、札幌で16度、仙台19度、東京21度、名古屋21度、大阪22度、福岡23度、那覇は24度まで上がるでしょう。

あすも小春日和で日中はコートいらず、日の当たる
所では上着を脱いでも過ごせるような暖かさとなり
そうです。しかし、朝晩は冷え込みますので、寒暖
の差にご注意ください。

東京地方　きょうは　南東の風　晴れで
夜は　くもりでしょう。
あすは、北の風　のち　東の風
くもりで　昼過ぎから　時々　晴れ
所により　明け方から夕方にかけて
雨が降るでしょう。
きょうあすともに、波の高さは
1メートルの見込みです。

ワンポイント！

1行1行、間をあけてゆっくり読みます。「札幌」「仙台」などの地名、「16度」「19度」の気温はやや強調するようにしてください。最初の音、「天気予報」の『て』、「あす」の『あ』などをはっきり読むとシャープに聞こえますよ。

CMナレーションにチャレンジしましょう

読み手の声1つで商品のイメージが決まってしまうコマーシャル。ナレーターになりきって読んでください。表現力豊かに「伝える」ことを意識しましょう。

『栄養ドリンクのCMナレーション』

近頃、疲れが抜けないあなた。
頑張りすぎではありませんか？
そんなあなたにオススメ！
新発売の「パワフルビタミンチャージ」。
身体の奥から力が湧いてきます。
お求めはお近くの薬局、
コンビニでどうぞ。

『ベッドマットレスのCMナレーション』

いいものは中身も美しい……
高温多湿な日本の気候に最適、　通気性の高い
「高密度連続スプリングマットレス」が、
さわやかな寝心地をもたらします。
多くのユーザーから長い間支持されてきた
国内一貫生産で耐久性と品質への自信があります。
「安心」「安全」「日本製」の
ジャパンヘルスベッドです。

ワンポイント！

栄養ドリンクのCMは、元気よく声を張りぎみに。ベッドのCMはしっとりと丁寧に。「　」の部分は強調してください。どちらもイメージにあうBGM（音楽）をかけて読むと表現するのが楽しくなりますよ。

50音表

滑舌トレーニングに50音表を活用しましょう。

な	た	さ	か	あ
に	ち	し	き	い
ぬ	つ	す	く	う
ね	て	せ	け	え
の	と	そ	こ	お

トレーニングに役立つ

わ	ら	や	ま	は
い	り	い	み	ひ
う	る	ゆ	む	ふ
え	れ	え	め	へ
を	ろ	よ	も	ほ

おわりに

楽しく取り組んでいただけましたか？

「あいうえお」のバリエーションは、はじめは口の動きを意識してゆっくり丁寧に言いましょう。口は使わないと動きにくくなります。声もどんどん出なくなります。50音表をコピーして見えるところに置き、1日1回行ってください。1分でも構いませんし、たっぷり行うとトレーニング効果が高くなります。壁に貼っておくのもいいですね。姿勢よく立つと声も出やすくなります。お風呂の中でリラックスしながら言うのもオススメです。お孫さんとなど家族で取り組むのも楽しいですよ。

「はじめに」でもふれたように、口まわりの筋肉が衰えてくると滑舌が悪くなります。人と話すのが億劫になってしまいます。口腔機能が低下して噛めないものが増えてくると食事が楽しくなくなりますよね。読者の皆様の健康で生き生きとした毎日に本書が役立つことを願っております。

最後に、発行へと導いてくださった世界文化社、ならびにケアサポート部編集担当者様、そして、【健康ボイトレ音読塾】に熱心に通ってくださる塾生の皆様に心より御礼申し上げます。

著者紹介
健康ボイストレーナー
赤間裕子（あかまひろこ）

宮城県仙台市出身。福島テレビ、テレビ東京、NHK仙台放送局でアナウンサー・キャスターとして勤務後フリーとなり、講師として独立。「声と話し方」をテーマにしたビジネススキル・コミュニケーションスキル研修、講演を中心に、大学講師、MCとしても幅広く活躍。iPhoneアプリ「カツゼツ」はヴォイストレーニングアプリとして人気。一方で【健康ボイトレ音読塾】を主宰、介護予防教室講師を務めるなど「声と健康」についての活動にも力を入れており、コンテンツは『早口言葉で口腔トレーニング　DVD付き』（世界文化社）や介護施設向けの音響機器に搭載されている。

【ホームページ】ヴォイス＆トークhttp://akama.biz

デザイン／津田祥子
イラスト／タナカユリ
撮影／伏見早織（世界文化ホールディングス）
校正／株式会社円水社
製版／株式会社明昌堂
編集／嶋津由美子　村田弘恵

1日1回「あいうえお」
ボケないための 滑舌トレーニング

発行日　2019年3月20日　初版第1刷発行
　　　　2023年1月30日　　第4刷発行

著　　者　赤間裕子
発 行 者　石垣今日子
発　　行　株式会社世界文化ライフケア
発行・発売　株式会社世界文化社
〒102-8194　東京都千代田区九段北4-2-29
電話　編集部 03-3262-3913　販売部 03-3262-5115
印刷・製本　図書印刷株式会社

ISBN　978-4-418-19405-6